이별은
연습도
아프다

# 이별은
# 연습도
# 아프다

홍해리 시집

놀북

## 시인의 말

매화 찾아 먼 길을 걸었으나
아직도 눈은 내리고,
바람은 잔잔하나
꽃 소식은 들리지 않는다
그걸 어찌 내 뜻대로 하랴
그간 숱한 흔적과 얼룩이
고운 무늬가 되어
이쪽과 저쪽을 이어 주기를
담담히, 그저, 바랄 뿐!

2020년 봄날에
홍해리 적음.

차례

1부

시인의 말

치과에서_13
시간은 제자리_14
만시지탄_16
인지증認知症_18
그대들은 안녕하신가_19
아내의 생일_21
그때_23
까마아득_25
겨울잠_27
밝은 절망_28
안에만 있는 아내_30
허허虛虛_32
꽃은 아프다 하지 않는다_33
호사로다_34
살아 있음에 대하여_35
시를 찍는 기계_36
천 편의 시_38
슬픔의 뼈_40

## 2부

잠포록한 날_45
삼류 드라마_46
겨울 틈새_48
하얀 절망_49
냉염冷艷_50
이별_51
대설 한파_52
은자隱者의 북_53
아내의 말_54
늦늦가을 풍경_55
슬행膝行_56
수의에는 왜 주머니가 없는가_57
올인飇刃_58
낙엽 한 장_59
민들레 씨앗_60
독毒_61
처럼 또는 같이_62
와유음臥遊吟_63
먹자타령_64

## 3부

행복론_69
우이동솔밭공원_70
짝사랑_72
정情_73
수묵산수水墨山水_74
추억 여행_75
섣달 초이렛날_76
우주론_77
집_78
살아 있다는 것_79
허망虛網_80
아내의 섣달그믐_81
피는 왜 붉은가_83
물춤_84
열려라, 참깨!_85
가을이 오면_87
연말 정산_88
내가 간다_90

4부

별리別里를 찾아서_93
이별_94
부부별곡_96
먹는 것도 잊었다_98
섣달그믐_99
치매_101
흰 그림자_103
눈썹잠_104
노망老妄_106
초아흐레 달_107
메멘토 모리_109
환자는 애기_110
추억 창고_112
아내의 일기_114
아내를 팔다_116
사람아 사람아_117
후회하면 뭣 하나_119

5부

만첩백매萬疊白梅_123
침묵의 그림자_124
이별 연습_125
적막한 집_127
말을 버리다_128
아내의 나라_129
왜 이러고 있어?_130
애절哀切_131
천둥지기_132
노인전문요양원_133
아득하다_134
나이타령_136
구월 스무아흐레_137
실미失味_138
늦늦가을밤_139
나들목에서_140
전야_141
맨발_142
이별은 연습도 아프다_143
홍해리 시인 약력_145

제1부

# 치과에서
- 치매행致梅行 · 331

아내는 밥도 못 먹고
누워만 있는데

나만 잘 먹고 살자고
새 치아를 해 넣다니

뼈를 파고
쇠이빨을 박다니

내가 인간인가
이게 사람이 할 짓인가.

## 시간은 제자리
- 치매행致梅行 · 332


누워 있는 아내를 내려다보면
두 눈에 고요한 원망이 그렁그렁
망연하다

가슴에 구멍이 뚫리고
바람이 와서 운다

산 하나 넘고 나면
더 높은 산이 막아서고
강을 건너면
또 다른 강이 검푸르게 넘실거린다

어쩌자고 시간은 아득바득 흘러가는가
시간은 제자리인데
내가 무턱대고 흘러가는 것은 아닌가

그리운 항구도 없고

즐거운 술집도 없는


살아 있는 무의식이 있을 뿐
의식은 어디로 갔나


내 영혼의 아들마늘은 어디 있는가


"동생이 살았으면 좋겠다가도
때론 죽는 게 나을 거란 생각도 든다."*



* 영화, '길버트 그레이프'에서 길버트의 혼잣말.

## 만시지탄
- 치매행致梅行 · 333

왜 그때는 안 보였을까
아니 왜 내가 못 보았을까
그때는 왜 안 들렸을까
아니 왜 못 들었던 것인가

이제서야 지난날이 가슴속에 들어오다니
아내에게 아무것도 해 주지 못한 것이
이제 와서 나를 울리다니
내 가슴에 못으로 박히다니

시간은 모든 것을 묻는다
무엇이든 다 묻혀지고 만다
나는 잊는다 나도 잊혀진다
아무것도 남지 않는다

믿어지지 않는 세월이었다
꿈을 꾸고 있었던 것일까

인생 일장춘몽이라는데
바늘구멍은 왜 넓기만 한 것인가!

## 인지증認知症
### - 치매행致梅行 · 334

세상에 속상한 일 한둘인가 어디
'나'를 두고 다른 사람이 되다니
'나'를 어디 두고 이리 헤매는가
환한 이쪽을 두고
어찌 어둡고 칙칙한 그쪽에서
홀로 가고 있는가, 아내여!

## 그대들은 안녕하신가
- 치매행致梅行 · 335

바람 불면
바람 따르고

물결 치면
물결 따르고

그냥
그렇게
밀리고 쓸리고.

풀꽃 만나면
풀꽃 되고

새를 만나면
새와 놀고

그냥

그렇게

피고 지고

놀고 가고.

## 아내의 생일
- 치매행致梅行·336

9월 6일, 음력 칠월 스무이렛날
아내의 생일인데
오늘이 칠순인데
아내는 이것도 저것도 모릅니다

생각해 보면
엊그젠데
참으로 먼 길이었습니다
아내의 길은

돌아
돌아서 매화 피는 마을까지
다시 먼 길을 가고 있는
아내의 나라

오늘을 접으면 내일이 펼쳐지고
매화가 질 때가 되면

길이 끝날지 모릅니다

왜 그리 살았던가
왜 그리 살고 있는가
누가 알 수 있었으랴
고희 인생이 이리 허망한 탑일 줄을!

이쪽 세상은 환한데
저쪽은 어둡고 적막하기 짝이 없습니다.

# 그때
- 치매행致梅行 · 337

아내가 걸을 수 있었을 때
한 발짝 앞세우고
집으로 가는 길을 찾아가게 했던 적 있습니다
"왼쪽?", "오른쪽?" 하면
갈 길을 손으로 가리키곤 하던 때
그때만 해도 좋았습니다
볼펜을 달라 하면 가위를 가져오고
신문을 가져오라 하면 시계를 주던
그때,
자신에게서 기억이 하나하나 떨어져 나갈 때
그것도 모르던 아내는 얼마나 망연했을까
나는 또 얼마나 막막했던가
언제부턴가 하나씩 포기하고
자위하기 시작했습니다
있는 그대로
사실 그대로 인정하고 받아들이자
힘들어도 이해하고 수용하자

이렇게 생각하기까지 얼마나 세월이 길었던가
아직도 갈 길은 멀어 앞이 보이지 않습니다
기적이 일어날 리가 있겠습니까
있는 그대로 받아들이는 것 외엔
내가 할 수 있는 일이란 허섭스레기 같은 일뿐
저쪽 세상이 너무나 황량하기만 합니다.

## 까마아득
- 치매행致梅行 · 338


추석 아침입니다
秋夕은 가을 저녁인데 몇 시간 더 있어야
보름달이 둥두렷이 떠오르는 한가위가 됩니다
자식들이 왔다 가고 또 왔다 갔습니다
얼굴 한번 바라보고 봉투 하나 놓고 갔습니다
그러면 잘한 것이지요
뭘 더 바라겠습니까
아내에게 환자용 음식을 한 술, 한 숟가락 떠먹이고
몇 차례 받내면서 가만히 생각해 봅니다
아직 멀었구나 멀었어
반평생 내가 받은 것 반에 반이라도 갚아 주려면
가마득하구나
아니 까마아득하구나 하는 생각이 들었습니다
아내에게 진 빚을 새수못하고
새새거리기만 했으니 언제 다 갚겠습니까
집 나가면 고생이라는 명절 오후
길이 막히고 차가 막히는 고향 소식을 보며

집에 갇혀 있는 게 행복이란 생각을 해 봅니다
아내여, 날 집에 잡아놓아 줘서 고맙습니다
기막히게 밝은 달을 올려다보며
올해 추석도 이렇게 저물고 있습니다.

# 겨울잠
- 치매행致梅行·339


봄 여름 가을 겨울의 잠
그게 아내의 잠입니다

나무는 겨울에 잠만 잡니다
곰도 뱀도 겨울엔 잠만 잡니다

이쪽은 봄이고
저쪽은 겨울입니다

봄이 오면 나무도 깨어나고
곰도 굴 밖으로 나옵니다

그러나,
아내에겐 사계절이 겨울입니다.

## 밝은 절망
― 치매행致梅行·340


가장 시시한 것이 위대하고
아무것도 아닌 것이
전부인 걸 알기까지
얼마나 긴 세월이 흘렀던가

검정 고무신이 명품 수제구두보다
더 좋았던 시절이 있었지
이렇듯 절망도 때로는 환해서
날 일으켜 주는 힘이 되나니

울지도 못하는 아내
몸과 마음 모두 은결들어서
반비알진 채 누워 있고
가라지 꼴이 된 내가 그 곁을 지키네

그래도 봄이 오면 눈이 녹고
꽃 피고 새 지저귀는 소리

무주공산을 밝히지 않겠는가
온새미로 환하게 세상 끝까지.

# 안에만 있는 아내
- 치매행致梅行 · 341


움직이지 않는 그림자가 있습니다
아내에게 드리워진 그림자입니다
일흔여덟의 남편도 살고 싶은데
칠순의 아내는 어떻겠습니까
그러나 그것인들 아내는 알고 있는지
그런 생각이나 하고 있는지
그것조차 알 길이 바이없습니다
이제까지 많은 이들이 곁을 떠났습니다
할머니 아버지 할아버지 어머니가 가시고
이웃들 선배 친구 후배들까지 순서 없이
앞서서 이승을 떠나 버렸습니다
혈연의 질긴 끈을 끊고
학연이나 지연의 사슬을 풀고 떠나갔습니다
우연이나 필연으로 맺어진 인연도 잊고
언젠가는 나도 그 뒤를 따라갈 것입니다
아내도 말없이 저세상으로 가게 될 것입니다
종일 자기 안에만 있는 아내 곁에서

이승을 떠나 저세상으로 가는 것이
아무런 미련이 없는 안식일까
자유요 해방일 것인가 하는 생각으로
나의 하루가 조용히 허물어지는데
아내는 밖을 내다보지도 않습니다.

## 허허虛虛
- 치매행致梅行 · 342

아등바등 살아온 한평생
쪼글쪼글
말라붙은 빈 젖처럼 적막하다

허허 적적
허허 막막
쓸쓸한 텅 빈 들판

바라보는 내 온몸이 시리다
묵은지처럼 아득하기 짝이 없다

저릿저릿
은결든 가슴에 소름이 돋는다

그래도 눈빛은 숫눈길이라서
"잘 잤어? 배고프지?"
메아리 없는 내 말만 공허하다.

## 꽃은 아프다 하지 않는다
- 치매행致梅行 · 343

오래 전 꽃을 보고
"아프다는 말 하지 마라
그 말 들으면
나도 아파 눈물이 진다" 했는데,

무슨 인연인지 우연인지 그 해부터
아내는 아파 누워 있다

아픈지도 모른 채 누워만 있다
아프다는 말 한마디 하지 않는데

서 있는 내가,
내가 아프다
아내는 꽃인가,
아닌가?

# 호사로다
- 치매행致梅行 · 344


호사로다
호사로다
내 이런 호사를 누려도 될까 몰라

울음도 사치
눈물도 사치
내게 이런 사치가 치사하지 않나

막막이 막막하게 꽃불처럼 피고
적적이 적적하게 불꽃으로 지는
적막의 세상인데

니가 치매를 알아? 앓아 봐, 한번!
쓸쓸한 밥이 홀로 울고 있는 세상
별것 아닌 환자로 쇼한다고?

시든 꽃밭이라고 불 지르지 마라
막차가 끊기면 너 또한 막막하리니.

## 살아 있음에 대하여
- 치매행致梅行·345

사는 게 이런 것인가
이렇게 죽어가는 것인가

사는 게 죽는 것이고
죽는 것이 사는 것인가

말 한마디 못하고
손발 하나 까딱하지 못하고

주면 주는 대로
안 주면 또 그런 대로

누워만 있는 것이 살아 있는 것인가
죽은 것인가 나는 모르겠네

적막이 꽃처럼 피어나는 날!

## 시를 찍는 기계
- 치매행致梅行 · 346

"마누라 아픈 게 뭐 자랑이라고
벽돌 박듯 시를 찍어내냐?"
그래 이런 말 들어도 싸다
동정심이 사라진 시대
바랄 것 하나 없는 세상인데
삼백 편이 넘는 허섭스레기
시집『치매행致梅行』1, 2, 3집
아내 팔아 시 쓴다고
욕을 먹어도 싸다 싸
나는 기계다
인정도 없고 사정도 없는
눈도 없고
귀도 없는
무감동의 쇠붙이
싸늘한 쇳조각의 낡은 기계다
집사람 팔아 시를 찍어내는
냉혈, 아니 피가 없는

부끄러움도 창피한 것도 모르는

바보같이 시를 찍는 기계다, 나는!

## 천 편의 시
- 치매행致梅行 · 347

\* 편지
시집 『봄이 오면 눈은 녹는다』 감사히 받았습니다
뜨겁게 축하합니다
기왕 시작詩作을 시작始作했으니
천 편의 시를 쓰기 바랍니다
그러면 시신Muse詩神도 감동하리라 믿습니다
그리하여 환자의 병을 말끔히 낫게 해 줄 것입니다
축원합니다!
- 김석규 드림.

\* 답신
그래 천 편의 시를 쓰자
아니, 천 편 아니라 만 편인들 쓰지 못하랴
병든 마누라 팔아 시를 쓴다고
누가 얄밉게 비아냥대든 말든
그게 뭐 대수겠나
그래서 아내의 병이 낫기만 한다면

천 편, 만 편의 시를 쓰고 또 쓰리다!

- 홍해리 드림.

## 슬픔의 뼈
- 치매행致梅行·348

가슴이 무너지고 터지고 깨지고 찢어지고
내려앉은 채
쿵쿵쿵 울고 있다
심장폭탄이 폭발하고 있다

비웃는 듯
입가에 어리는 옅은 웃음기
원망에 젖은
고통에 절어버린
창백한 모습의 쓸쓸한 꽃

삶이란
만나고 헤어지면서
상처도 받고 꽃도 피워가는
갈마드는 태풍과 홍수와 지진과 산불

하늘과 땅은 하나

오늘과 내일은 하나
이승과 내세는 하나인 세상

그 위에서 벌이는 춤
하늘을 기고 걷고 뛰고 나는
꿈이로다 꿈, 잠포록한 꿈에 빠진

나를 떠받치고 있는
슬픔의 뼈.

제2부

## 잠포록한 날
- 치매행致梅行 · 349


잠이 포로록 날아들 것만 같은
잠포록한 저녁
시도 때도 없는 아내가 잠을 잡니다
새실새실 웃으며 뭐라고 말을 합니다
입술을 달싹이지만 알아들을 수 없어
가만히 내려다봅니다
매화가 핀 길을 가고 있는지 모릅니다.

시월 보름날
마당에 나가 둥그렇게 비치는 달을
마냥 올려다봅니다
처녓적 아내의 젖무덤처럼
달꽃이 노랗게 피었습니다
내가 아내를 내려다보듯
달도 나를 가만히 내려다봅니다.

## 삼류 드라마
- 치매행致梅行 · 350


"봄이 오면
눈은 녹는다
눈물 없이 볼 수 없는
총천연색 시네마스코프
삼류 멜로드라마!"


어느 일간지에서
신간 시집 소개를 하면서
뽑은 제목이다
그렇지 맞아
나는 삼류 드라마의 주인공
아니 조연 중의 하나
둘이서 가는 거리
얼마나 떨어져야 거리를 잴 수 있는지
뭘 더 바라랴
이미 분에 넘치는 복이지
머릿속에서

볼강볼강하는 생각 한 자락
볼꼴 좋다고
먼 길목에서 서성이고 있는 바람
봄이 와도 눈이 녹지 않는다.

## 겨울 틈새
― 치매행致梅行 · 351

어린 나무 짚으로 감싸주고

김장 담그고

메주 쑤고

문마다 창호지 꽃잎 넣어 바르면

장작더미 쌓인 돌담 지나

찬바람 문풍지 울릴 때

잠들지 못하고

뒤척이던 밤 지나면

창호지마다 배어 오던

햇볕의 따스함

우리들 마음마다 환했거니

다 어디로 사라졌는가

너와 나의 마음의 틈새여!

## 하얀 절망
- 치매행致梅行·352

서울 우이동 골짜기
하얀 낭만은 무정했다

눈 속에서
눈먼 부부가 부둥켜안고 울고 있었다

하염없이 젖고 있었다
울다 지쳐 하얗게 얼어붙고 있었다

아무것도 보이지 않았다
계속해서 눈은 내려 쌓이고 있었다.

## 냉염冷艶
- 치매행致梅行·353

챙그랑 챙그랑

하얗게 우는 달

시월 스무사흘 새벽

달빛도 오지 않는 우리 집.

# 이별
- 치매행致梅行 · 354


이별은 이 별을 떠나
하늘에 불을 밝히는 것

등 하나 만들어
허공에 다는 일

어느 날 문득
없던 별 하나 반짝이고

밤하늘에 그리움 엮는
늙마의 나날

등 하나 만들어
별로 띄우는 연습을 하네!

## 대설 한파
- 치매행致梅行 · 355


꽃샘잎샘에
설늙은이 얼어 죽는다는데

이미 한 해가 저무는 낭떠러지
늙은이 둘
남의 떡에 설 쇨 생각이나 하네

소설이라고 첫눈이 푸지게 내리고
대설에는 추위가 제 모습을 드러내니

어이 하리
뜨뜻한 방안에서 어슷거리다
누워 있는 아내 등이나 긁어 줄까.

## 은자隱者의 북
- 치매행致梅行·356

우이동을 벗어나면 눈이 부시다
어지러워 아무 소리도 듣지 못한다
길을 잃고 이리저리 헤매기 일쑤다
취해서 갈之자로 허정허정 흔들린다.

울지도 못하는 아내가 누워 있는
우이동 골짜기
매화 가지에 걸려 있는 찢어진 북
울지 못하는 은자隱者의 북이다, 나는.

# 아내의 말
- 치매행致梅行 · 357


푸른 하늘이 아니라도
싱그러운 숲 속이 아니라도
드넓은 바다가 아니라도
들꽃 피어 있는 들판이 아니라도
시원한 바람의 골짜기가 아니라도
나도 이제 날고 싶다.

사람과 사람들 사이
사람에게서 사람에게로
남의 말을 전하는 사람에게서
그 말을 듣지 않는 사람에게로
사람과 사람 사이로
이제 나도 날고 싶다.

## 늦늦가을 풍경
- 치매행致梅行·358


하늘 담고 있는
작은 호수에

옷 벗은 바람이 맨발로 오더니
담방담방 물수제비뜨고 있다

온갖 보화 있으면 뭘 해
능을 두고 살아야지

주인 잃은 굴렁쇠와 굴렁대
누런 풀밭에 느낌표와 마침표로 찍혀 있네

당신은 굴렁쇠였고
나는 굴렁대였구나.

## 슬행膝行
- 치매행致梅行 · 359


어제는 물이었고
내일은 불이다

어제와 내일 사이
노굿이 일 듯

노량으로
노량으로 가고 있다

물도 마르고
바람도 불지 않는 곳

늙마른 잡초 몇 개 버석이는
임자도 없는 그곳을 향해

무릎으로 기고 있다
앞서거니 뒤서거니 가고 있다.

## 수의에는 왜 주머니가 없는가
- 치매행致梅行 · 360

뼈는 바위가 되어 산으로 솟고
살은 흙으로 돌아가 논밭이 되리라
피는 물이 되어서 강과 바다를 이루고
숨은 바람이 되어 푸나무들 숨통 틔우고
넋은 비잠주복의 생명이 되어 뛰어놀리라
주머니는커녕 수의인들 무슨 필요가 있으랴!

## 울인鬱刃
- 치매행致梅行 · 361

부처님 미소 같은 한란寒蘭꽃 피었다
날빛 푸른 칼이 달빛 받아 춤을 춘다
울인鬱刃* 하나 가슴속에 품어야겠다
겨울 오고 갈길 멀어 마음만 바쁘다.


\* 울인鬱刃 : 독약을 바른 칼.

## 낙엽 한 장
- 치매행致梅行·362


낮술이 과했나 보다
한길인지 마당인지도 몰라라

유혹하지 마라
불타는 독주여

아직은 해가 지지 않았다
노을이 불처럼 피고 있다

눈물도 마른 낮은 자리
목젖이 아픈 이곳이 하늘이다.

## 민들레 씨앗
- 치매행致梅行 · 363

저렇게 가벼워져 떠나가리라
저 푸른 하늘로

다 버리고 날아가고 싶어라
저 너른 우주로

호! 하고 가볍게 불어 다오
멀리 날아가리라

후! 하고 멀리멀리 밀어 다오
나 이제 가벼이 날아가리라.

# 독毒
- 치매행致梅行 · 364


세상에 가장 맛있는 건 독이라서

신은,

인간에게 그걸 허용하지 않았다

아직.

## 처럼 또는 같이
- 치매행致梅行·365


물결처럼
바람같이

낙타처럼
무소같이

상사화처럼
꽃무릇같이

동백꽃처럼
능소화같이.


\* 물결처럼 바람같이 태어나 낙타처럼 무소같이 살다
상사화처럼 꽃무릇같이 생각하며 그리워하며 사랑하다
동백꽃처럼 능소화같이 깨끗하게 가는 삶이기를!

## 와유음 臥遊吟
### - 치매행 致梅行 · 366

물 찾아가는 발자국이 길을 내고
물을 따라 길이 간다
그래서 몸속에도 강물이 흐른다
들어 보아라

아름다운 물길은 아름다운 소리로
생명은 푸른 소리로
땅속으로 스미고 스며들어
모두 하나가 된다

자연은 그대로 자연일 따름
세상에 법으로 금할 것이 없지만

뜻대로 안 되는 것이 어찌 없겠는가
바로 사람의 목숨, 어쩔 수 없네.

## 먹자타령
- 치매행致梅行 · 367

가꿔 먹고 가려 먹고 갈아 먹고 갊아 먹고
같이 먹고 건져 먹고 고아 먹고 골려 먹고
구워 먹고 굶어 먹고 까서 먹고 깎아 먹고
깨어 먹고 꺼내 먹고 꺾어 먹고 끊어 먹고
끓여 먹고 나눠 먹고 나도 먹고 날로 먹고
내려 먹고 너도 먹고 녹여 먹고 놀려 먹고
누워 먹고 다져 먹고 덖어 먹고 데워 먹고
데쳐 먹고 둘이 먹고 들어 먹고 닦아 먹고
뒤로 먹고 따로 먹고 따서 먹고 떼어 먹고
뜯어 먹고 말려 먹고 말아 먹고 무쳐 먹고
발라 먹고 벗겨 먹고 볶아 먹고 부숴 먹고
부쳐 먹고 불려 먹고 비벼 먹고 빌어 먹고
빚어 먹고 빨리 먹고 빨아 먹고 빻아 먹고
뺏어 먹고 뽑아 먹고 사서 먹고 삭혀 먹고
살려 먹고 삶아 먹고 서서 먹고 섞어 먹고
속여 먹고 솎아 먹고 식혀 먹고 심어 먹고
싸서 먹고 쌈싸 먹고 썰어 먹고 씹어 먹고

씻어 먹고 앉아 먹고 얻어 먹고 얼려 먹고
으깨 먹고 익혀 먹고 잘라 먹고 잡아 먹고
적셔 먹고 절여 먹고 졸여 먹고 주워 먹고
죽여 먹고 지어 먹고 지져 먹고 집어 먹고
쪄서 먹고 쪼개 먹고 찍어 먹고 찢어 먹고
찧어 먹고 차게 먹고 찾아 먹고 채어 먹고
캐어 먹고 키워 먹고 털어 먹고 통째 먹고
튀겨 먹고 팔아 먹고 핥아 먹고 함께 먹고
혼자 먹고 회쳐 먹고 후딱 먹고 후려 먹고
후룩 먹고 훌쩍 먹고 훌훌 먹고 훑어 먹고
훔쳐 먹고,

이 좋은 세상
먹을 것 천지인데
입 한 번 벌리지 않는 아내여
어찌하리
어이 하리, "얄리 얄리 얄라셩 얄라리 얄라!"

제3부

# 행복론
- 치매행致梅行·368

봐야 보이고 들어야 들리는,

마셔야 시원하고 먹어야 배부른,

만나면 즐겁고 보내고 나면 허전한,

안 갈 재간 없고 가면 못 오는 지금 여기.

## 우이동솔밭공원
- 치매행致梅行 · 369

우이동솔밭공원에는
천 마리 청룡이 살고 있다
소나무마다
머리 위에 푸른 학을 기르고 있으니
늘 맑은 바람이 회오리치고
몸속에는 용을 품고 있어
하늘로 오르려는 용들이 꿈틀꿈틀
용틀임이 한창이다
드디어,
비가 내리퍼붓고 나서
비단안개 치마가 숲을 가리면
천 마리 용이 승천하고
만 마리 학이 날아오르는 광경을
백운 인수 만경이 옴죽 않고
숨죽여 바라보고만 있으니
장관, 장관이 따로 없다.

바로 이곳이 아내의 운동장이었다
아내는 퇴근하고 나면 날마다
공원을 두 시간씩 돌곤 했었다
그런데 아내가 없다, 지금 여기!

## 짝사랑
- 치매행致梅行 · 370

해바라기는
해 떠오르게 하려고
첫새벽부터 꽃을 피워

해가 솟기만 기다리고.

달맞이꽃은
달을 뜨게 하려고
초저녁부터 피어

달 뜨기만 기다리고.

## 정情
- 치매행致梅行 · 371


그놈의 정이란 게 무엇이라고
이리도 치사하게 들러붙는가

솥바닥에 눌어붙은 누룽지처럼
누렇게, 끈끈하게 타고 있는가

길바닥에 얼어붙은 눈덩이처럼
시커멓게 멍들어 밟히고 있는가

참나무 우듬지의 겨우살이도
퍼렇게 달라붙어 울고 있구나

하루의 일과를 정리하는
내 인생의 들마에!

## 수묵산수水墨山水
- 치매행致梅行 · 372


이제 그만 돌아서자고
돌아가자고
바람은 시린 어깨 다독이는데,

옷을 벗은 나무는
막무가내
제자리에 마냥 서 있었다.

찌르레기 한 마리
울고 있었다.

늦가을이었다
어둑어둑한 저물녘이었다.

## 추억 여행
- 치매행致梅行 · 373

김장 담가 돌담 아래 묻어 놓고
곳간 가득 연탄도 들여 놓았다
문풍지를 찢는 북풍 한설에도
마음은 따사로운 부자였거니
이제 다 놓아 두고 돌아가는 길
김장도 추억, 연탄도 추억의 불꽃.

# 섣달 초이렛날
- 치매행致梅行 · 374

다 주어버린 텅 빈 들녘으로
내려앉은 갈가마귀 한 마리

맨발로 휘몰아쳐
등을 때리는
바람에 우는
한 뼘 가웃 남은 해

때맞춰 쏟아지는 눈발, 눈발
하릴없이 날아오르는 새

어디로 갈까
어디로 갈까
눈 속으로
그냥, 지워지는 하늘가.

## 우주론
- 치매행致梅行·375


내가 우주의 중심이라고
홀로 세상에 가득해도
그거 참 별것 아니다.

내가 없어도
지구는 돌고,

네가 세상의 주인공이라고
한자리 차지하고 있어도
그거 참 별것 아니다.

네가 죽어도
태양은 뜬다.

# 집
- 치매행致梅行·376

길이 시작되고
길이 끝나는,

아침에 문을 열고
저녁에 문을 닫는,

사람이 있고
사랑이 있는,

곳,
바로 그곳!

## 살아 있다는 것
- 치매행致梅行 · 377

사랑도 죽은 사랑은
사랑이 아니다

사람도 살아 있어
사람이다

사람이 있어
꽃은 피고 새도 노래한다

삶이란
사람이요 사랑이란 말이니.

## 허망虛網
- 치매행致梅行 · 378


섣달 보름날 밤 머리맡
잘 짜여진 이백 자 그물을 던져 놓았다
달도 환하고
별도 빛나고 있었다
아침에 잠에서 깨어 보니
달도 빠져 나가고
별 한 마리 걸리지 않았다.

그냥 잔 날
문을 두드리는 이가 있어
"게 누구요?" 했으나
그림자 꼬리도 보이지 않았다
꿈속에서 반복해 그려 봤으니
아침에 정리하면 되겠다 싶었지만
이름은커녕 얼굴도 떠오르지 않았다.

## 아내의 섣달그믐
- 치매행致梅行 · 379

백지 한 장 머리맡에 놓고 잤지
일어나니 정월 초하루 새벽

삼백예순다섯 개의 빈 칸
방마다 무엇으로 가득 채울 것인가

넘어지고 자빠지고 쓰러지고 미끄러지고
엎어지면서 가야 할 길

강일까 산일까 들일까 허공일까
땡볕일까 번개 천둥일까 엄동설한일까 허방일까

날마다 벼락 때리는 빈 칸 그대로일까
아프면 아파하고 울고프면 울어야지

사람 사이 그리움이 몸살로 물살이 세면
좋아라 좋아라 좋아라 해야지

그리움은 살아 있는 사람의 몫이라고
정든 골목길 가득 안개가 내린다

홀로 길 위에 서 있다 보면 저녁
집집마다 따뜻한 불이 켜진다

어딘가 희미한 불도 켜지지 않는
집 한 채, 사람 하나 있다.

## 피는 왜 붉은가
- 치매행致梅行 · 380


영원과 찰나가 하나인 곳에 적막이 있고,

암흑과 광명이 하나인 곳에 허공이 있다.

혼돈과 질서가 하나인 곳에서 나는 태어나고,

모순과 조화가 하나인 곳에서 나는 죽어간다.

생성과 소멸의 허공에서 햇빛 알갱이 하나 걸어나오고,

먼지 하나가 길을 만들고 있다.

절망과 격정의 심연에서 소금 알갱이 하나 걸어나가고,

티끌 하나 길로 사라지고 있다.

길은 허공이 피우는 꽃,

적막은 꽃이 지우는 길.


나의 피가 붉고 뜨거운 것은,

생명과 죽음이 하나요

영원과 찰나가 하나이고

하늘과 바다, 우주 자연이 나의 종교이기 때문.

# 물춤
- 치매행致梅行 · 381

가장 위대한 춤꾼
영원한 춤꾼인 바다는
반짝이는 윤슬로부터
광란하는 해일에까지
쉼 없는 동작으로
무한한 정력으로
춤을 그치지 않는다
한순간도 멎지 않는다
육지를 끌어안고
하늘에까지 오르는
무기교의 기교로 펼치는
바다의 무한 막춤을 보며
춤 한 번 추지 못하고
시드는 꽃,
지는 꽃도 있네.

## 열려라, 참깨!
- 치매행致梅行 · 382


피어라, 참깨!
꽃 많이 피어 열려라
연분홍 주문 외지 않아도

열려라, 참깨!
세상 마당에 깨가 쏟아지도록
보물 창고에 가득가득 차도록

열려라, 참깨!
열려라, 참깨!
주문을 외면서

참깨를 털면
마법 같은
한 세상의 문이 열릴까

아무리 깻단을 두드려도

있는 힘껏 내리쳐 봐도
깨는커녕 그릇만 깨네!

## 가을이 오면
- 치매행致梅行 · 383


열린 하늘이 그리워
눈을 감으면

저 멀리 펼쳐진 세상
낯설음과 낯익음 사이로

줄 없는 지연처럼
세월은 흘러가는데

그리움은 안개처럼 피어 오르고
쓸쓸함은 는개처럼 젖어 내리고

제 무게에 겨운 사랑
스스로 어쩌지 못해 뚜욱 뚝 지고

바람 사막, 막막히,
가고 있는 낙타 한 마리.

## 연말 정산
- 치매행致梅行 · 384

1
작은 머리창고 속에 없는 게 없다
곳간에는 돈이 다발다발 가득하다
사랑도 가슴속에 무더기로 넘쳐난다
광에는 명예가 더미더미 쌓여 있다
권력도 공청에 바리바리 채워져 있다
다락방에는 행복도 가득가득 차 있다
건강도 팔팔하기 그지없다
마음도 몸을 꽉 채우고 있다.

2
바람 불고 눈 내린다
잘 가라
세월이여
또 한 해가 저물고 있다!

3

내 인생

내가 정산한다.

## 내가 간다
- 치매행致梅行 · 385

어제 간 자리
오늘로 채우니
먼 내일이 이미 지나갔네
한가한 얘기!

제4부

## 별리別里를 찾아서
- 치매행致梅行 · 386

이별離別은 꺼꾸로 하라
그러면 별리別離가 아닌
별리別里라는 마을이 된다
이별을 한다는 것은
가슴속에
또 하나의 마을을 짓는 일.

껴안아야 할 사람과
떠나보내야 할 사람을 위하여
별리別里를 찾아
별과 별 사이를 헤매는 이
우두망찰해 서 있을 때도
이 별과 저 별을 노래하는 일.

# 이별
- 치매행致梅行·387


이 별에서 저 별까지의 거리가
이별이다
별리라는 마을을 향해 가는 길
가깝고 멀다.

찔레꽃 아래
또아리 튼 독사의 혀는 쉴 새가 없다
그녀의 창백한 뺨은 부끄러워 떨고
그림자도 남기지 않았다.

나비 한 마리 날지 않는 하오
서녘으로 기우는 어깨
솜사탕은 아지랑이처럼 날아가고
생선가시가 목에 걸렸다.

이 ★은 비참하고 참담하다
저 ☆은 멀어서 아름답다

독의 술도 바닥이 나고
남은 노래는 목이 쉬었다.

## 부부별곡
- 치매행致梅行 · 388

누가 누구를 두고 먼저 갈 것인지
누가 알 수 있으랴마는
보내는 연습을 해야 하나
떠나는 훈련을 해야 하나
웃음도 다 접어 두고
울음도 다 버려 두고
가야 할 때 조용히 떠날 일 아닌가
말없이 보내 주어야 될 일 아닌가
아파도 아픈지도 모르고
고파도 고픈지도 모르는
말도 못하는 사람
홀로 두고 어이 떠날까
여태껏 쌓인 마음고생 몸고생
백번 생각해도 아무것도 아니지
옆에 누가 있어도 홀로인 세상
혼자 있는 자리 얼마나 외로울까
다 놓고 버린 고독단신의

고독지옥이라는 오늘이여

차마 못할 말, 차마 못할 일 아닌가.

## 먹는 것도 잊었다
- 치매행致梅行 · 389


다 잊었다

입을 벌리는 것도
빨아들이는 것도

씹기는커녕
삼키는 것도

남은 건 뭔가?

없다!

답답하다 화난다 안쓰럽다 짜증난다
무력감 죄책감 후회감 허탈감 자괴감

먹는 것도 잊고
내게 남겨준 것들!

# 섣달그믐
- 치매행致梅行 · 390

생각도 다 털어 버리고
마음까지 던져 버렸는지

웃음을 잃어 웃을 줄도 모르고
울음도 잊어 울지도 않습니다

적막이 함께 사는 집
설이라고 애들이 온대서

"오늘은 둘째네가 오고
내일은 큰애네가,
모레는 딸애네가 온대!" 해도

아내는 반히 올려다보다
살포시 눈을 감습니다

설이 언제인지

명절이란 게 있는지도 모르는

아내의 섣달그믐
우리 집의 까치설날!

# 치매
- 치매행致梅行·391


이별은 연습을 해도 여전히 아프다

장애물 경주를 하듯 아내는 치매 계단을
껑충껑충 건너뛰었다

"네가 치매를 알아?"
"네 아내가, 네 남편이, 네 어머니가, 네 아버지가
너를 몰라본다면!"

의지가지없는 낙엽처럼
조붓한 방에 홀로 누워만 있는 아내

문을 박차고 막무가내 나가려들 때는
얼마나 막막했던가

울어서 될 일 하나 없는데
왜 날마다 속울음을 울어야 하나

연습을 하는 이별도 여전히 아프다.

# 흰 그림자
- 치매행致梅行 · 392

아내가 하얀 옷을 입고 가고 있었다.

빛나는 흰빛, 그림자도 뵈지 않았다.

뒤도 돌아보지 않고 홀로 가고 있었다.

기해년 정월 그믐 경칩의 새벽이었다.

## 눈썹잠

— 치매행致梅行 · 393

새벽 두 시
기저귀 갈아 주려 불을 켰더니
아내는 혼자서 웃고 있었다
싱글벙글
어둠 속에서 벌써부터 웃고 있었다
"왜 안 자고 있었어?"
그래도 아내는 벙글벙글 웃었다
소리 없는 웃음이었다
아내의 나라는 어떤 곳일까
말을 잊은 세상은 어떤 나라일까
아내와 둘이서 있는 밤
눈썹 위에서 잠이 잠깐 놀다 가곤 했다
이름하여,
눈썹잠 또는 눈꺼풀잠이라고나 할까
노루잠이 바른 말이나 쪽잠은 어떤가
2019년 4월 7일의 일이다
꿀잠은 못 자도 잘 때 푹 자야 하는데

깨지 않으면 영영 끝인

영원한 잠[永眠]인 것이 인생인가!

## 노망老妄
- 치매행致梅行·394


노망이 무엇인가
로망이라면 좋으련만
노망들고
노망나서
삶의 무게가 다 빠져나갔다

부모는 자식에게
자식은 부모에게 무엇인가

다 익은 열매는 떨어져 나가기 마련
세상엔 부부밖에 없다는데

따뜻한 나라는 어디 있는가
기억이 사라진 나라
텅 빈 허깨비들이 말없이 헤매는 곳
속수무책의 천지가 아닌
사람 사는 세상은 어디 있는가.

## 초아흐레 달
- 치매행致梅行·395


기해己亥 삼월 초아흐레
그믐달도 아닌데
초저녁 마당에 나가
올려다보는 달
두 눈에 원망이 그렁그렁하다
울음이
눈물이
두 눈에 얼굴에
크렁크렁하다

아무것도 아닌 여자
그냥 여자인 여자
혼자 울고 있었다
차마 따라 울지 못했다

형이하학적인 슬픔인가
평생 혼자 살 듯했으니

외로운 걸 알 리가 있겠는가
한때는 타오르는 아궁이였고
차오르는 샘물이었지.

## 메멘토 모리
- 치매행致梅行 · 396

가까이 다가갈수록
오히려 깊어지고 멀어지는
잠은 죽음인가

깊은 잠 잠포록한 꿈속
눈물이 깊어지고
울음이 소태처럼 쓰네

아낼 실종 신고를 할까
나를 실종 신고를 할까
기억할 게 아무것도 없네

남은 것은
구겨진 백지 한 장
부러진 연필 한 자루.

## 환자는 애기
- 치매행致梅行 · 397

"괜찮아요, 괜찮아요, 선생님!
나이 들면 아기가 된다잖아요?"
옷을 벗기고 씻기고
갈아입히는 여자 간병인
그래도 부끄러워 자꾸 망설이는
나이 팔십!

"환자는 애기예요. 부끄러워 마세요.
가만히 계세요, 괜찮아요!"
그래도 몸을 움츠리고
가리는 나이 팔십
2005년 7월 고대병원 입원실
내 병상 옆의 풍경이었다

나이 팔십도 이렇커늘
아내는 80이 되려면 한참 먼데
인지증이란 병, 치매라는 병은

부끄러운 것도 다 잊게 해 버렸다

이걸 어째,

이걸 어째!

## 추억 창고
- 치매행致梅行 · 398

하루, 한 달, 한 해, 한평생이 가
지나온 삶을 되돌아보니
기억 창고도 추억 창고도 다 비었네
정신만 있으면 살아 있어 천국이지만

이별은 어쨌든 허무하다

추억 쌓기, 기억 정리, 이별 준비, 죽음을 수용하고 나도
마른천둥 마른장마가 계속되는데
임종을 맞이해도
마른하늘에 날벼락이 아닐 것인가
준비된 죽음이라도

어쩔 수 없이 당하는 이별이라도
연습을 하고 나서도 역시 아프다

죽음은 금기어라도

꿈은 사치
마음이 먼저 가 있는 곳
비어 있는 추억 창고여!

## 아내의 일기
- 치매행致梅行·399

첫아들은 큰애라서
작은애는 둘째라서
딸은 외동딸 막내라서
어쩌다 한 번씩 왔다
어미 보고 가는 게 고작
바랄 것 뭐 있겠는가
봄은 왔다 나도 왔다
꽃도 피고 새가 우네!

"아빠 뻐꾹 엄마 뻐꾹
이제 가자 어서 가자
누가 좋까 남편 좋까
아들 좋까 딸이 좋까
홀딱 벗고 살다 가자
어서 가자 홀딱 벗고
세상 가고 세월 가고
너도 가고 나도 가네"

검은등뻐꾸기만 뒷산에서
해종일 홀로 울어만 쌓네.

## 아내를 팔다
- 치매행致梅行·400

아픈 아내 팔아 시 쓴다고
병든 안해 팔아 시 쓴다고

놀리는 사람도 있고
욕하는 사람도 있네

그렇습니다
나는 아내를 팔았습니다

우리 집에는 해가 안 뜹니다
내 안해가 없기 때문입니다.

# 사람아 사람아
- 치매행致梅行·401

사람아 사람아
어찌 대답이 없는가
말 한마디 하지 않는가

옷을 다 벗고
알몸으로 맨 세상을 만나는데도
부끄러움은 어디 두었는가

뒤처리를 하고
목욕을 시켜 줘도 그것도 모르는
부끄러울 것 하나 없는 맨마음인가

불을 꺼야 생각이 날까
눈을 감아야 내가 보일까
복도 없고 운도 없는 사람

삶은 다 어디다 부려두고

그리움은 또 어디에 버리고
사랑은 어디로 보내 버렸는가

어이 말 한마디 없는가
대답해 다오
안해여, 아내여

기억을 다 지워버린
하얀 세상
아내여 지금 어디로 가고 있는 것인가!

## 후회하면 뭣 하나
- 치매행致梅行 · 402


가고 나면
모든 게 다 잘못한 일뿐

해 준 게 아무것도 없어
미안할 뿐

해 줄 것도 하나 없어
한심할 뿐

행복하면 그냥 웃지만
웃을 일 없으니 웃어야 하는

검은 머리 파뿌리
가로 지나 세로 지나!

제5부

## 만첩백매萬疊白梅
- 치매행致梅行·403

아무것도 보이지 않는
만 장의 꽃
한평생 읽어도
못다 읽을 꽃 한 송이
한 장씩 열리고
한 장씩 지더니
어느 날
갑자기
뭉텅!
무더기 무더기 지고 있다
매화꽃 한 장 한 장
눈물에 젖어
정처 없이 흘러가는 길
어디일까
바람에 슬리는 꽃잎, 꽃잎
매화 마을은 없다.

## 침묵의 그림자
- 치매행致梅行 · 404

아들이 와도 멍하니
바라다볼 뿐
딸이 와도 여전히
올려다만 볼 뿐

"나 누구야?
누군지 알아?" 해도

무덤덤 무덤덤
대답은 묵묵 묵묵부답

침묵의 그림자가
무겁고 깊어서
이제는 그림자도
입을 다물었다.

## 이별 연습
- 치매행致梅行·405

슬퍼도

아파도

기뻐도


말로

몸으로

마음으로


어제도

오늘도

내일도


눈물로

울음으로

연습하며


사는 일,

삶이라는 것.

## 적막한 집
- 치매행致梅行 · 406

춥다 덥다 말도 못하고
배고프다 밥 달라
목마르다 물 달라 말도 못하고
기저귀 갈아 달라
씻어 달라 말도 못하고.

눈만 끔벅이는 사람
속이 속이겠는가
얼마나 답답하고 깜깜할까
나를 적막의 집에 들게 하고
주는 것만 받을 줄 아는.

## 말을 버리다
- 치매행致梅行 · 407

지금쯤 어느 강가 푸른 초원을 내달리고 있을까

길을 잃고 헤매는 안타까운 꿈이 잦다

잡힐 듯 잡힐 듯하나 잡히지 않는 꿈만 꾸느니

오늘도 말을 버리고 푸른 강가에 쉬고 있는가?

## 아내의 나라
- 치매행致梅行 · 408

바다 한가운데 떠 있는 섬일까

첩첩산중 작은 매화마을일까

아무리 바라다봐도

보이지 않네!

## 왜 이러고 있어?
- 치매행致梅行 · 409


일어나 걸을 수 있다면
밥을 먹을 수 있다면

배고프다 목마르다
아프다고

말이라도 할 수 있으면
눈짓 손짓을 할 수 있으면

왜 누워만 있어?
왜 이러고 있어?

## 애절哀切
- 치매행致梅行 · 410

삼 년을 홀로 누워

미완의 삶을 잇는

아내의 눈빛

내 가슴에 그냥 박히는

천의 화살!

## 천둥지기
- 치매행致梅行 · 411

말라비틀어지는 논에
괭이질 쟁기질해 봐야
먼지만 풀풀 날 뿐

농부 얼굴에 주름 깊어져 가고
세상은 타들어 가는데

언제 천둥이 울고 번개 치며
억수장마 쏟아져 내릴까

물길 따라 발 동동
하늘도 마르는 나날
세상이 비었다, 텅!

천둥이 내리치는 날
오기는 올 것인가
울기는 울 것인가!

## 노인전문요양원
- 치매행致梅行·412


고려장이라는 말

감옥 또는 수용소라는 말

왜 자꾸 이 말이 떠오르는 것인가


이제 요양원으로 보내자

생각하고 나서

돌아서면 그게 아니고


며칠 생각하다 보면

또 그게 아니니


우이동천牛耳洞天으로 갈 것인가

동천을 찾아가 볼 것인가


무하유지향無何有之鄕

그런 곳이 있긴 있을 것인가.

## 아득하다
- 치매행致梅行 · 413


멀리 있어 보이지 않는 것이 보이고
들리지 않는 것이 들릴 수 있다면

그러나
그것은 세상이 아닐지니

보이는 것도 보지 못하고
들리는 것도 듣지 못 하는 게

우리 사는 지금 여기
세상일지니

다 보고 다 듣는다면
그립고 아련한 것 없지 않으랴

아련하다는 것
그건 멀어서 별이다

아득하다, 사랑!

## 나이타령
- 치매행致梅行 · 414

나이 들면 부러운 것 없을 줄 알았습니다
나이 들면 모자란 것 없을 줄 알았습니다
나이 들면 서러운 것 없을 줄 알았습니다
나이 들면 눈물이 없을 줄 알았습니다
나이 들면 분노가 없을 줄 알았습니다

나이 들고 보니 세상이 무섭습니다
나이 들고 보니 슬픔이 전부입니다
나이 들고 보니 아픔만 가득합니다
나이 들고 보니 눈물바람입니다
나이 들고 보니 울음바다입니다

나이 드니 병만 남았습니다
텅 빈 병이 되었습니다
금이 간 병입니다
깨진 병입니다
병든 병입니다.

# 구월 스무아흐레
- 치매행致梅行 · 415

생각이 많다 보니
가을밤이 짧구나

빈 들녘
허수아비
나와 같은 심사려나

똑똑똑
초침소리에
바투 치는 빗소리

비가 와도
우리 집 허수어미
시든 꽃, 마른 꽃.

## 실미失味
- 치매행致梅行 · 416

한때는
등불을 꺼도
환했는데,

이제는
불이 환해도
어지럽네.

## 늦늦가을밤
- 치매행致梅行 · 417

사내도 때로는 통곡할 때가 있다.

눈물 펑펑 쏟아내며
천둥처럼 울고 싶어
꼭두새벽 홀로 앉아
폭포처럼 젖어 새면,

오늘은 시원한 태양이 떠오를까.

## 나들목에서
- 치매행致梅行 · 418


철이 들자 노망나고
철이 나자 노망드네

철들고 철나는 일 하나이듯
노망들고 노망나는 것도 하나

다급할 것 하나 없는 세상
어정어정 놀면서
천천히 가자

노량노량 살다 보면
꽃이 피고 지고
열매 맺히리.

# 전야
- 치매행致梅行 · 419


초저녁 자리에 들어
실컷 잔 것 같은데
이제
겨우 열 시.

또 한껏 잔 듯해
시계를 보니
열두 시 자정!

아직
오늘에 머물러 있네
내일이 오긴 오는가 보다
시곗소리 또렷하게 보이니.

초등학교 소풍 전야인가
운동회 전날 밤인가
꿈도 오지 않는 밤이 길다.

# 맨발
- 치매행致梅行 · 420


가까이 있다고
가까이 있는 게 아니고

멀리 있다고
멀리 있는 게 아니다

빤히 들여다보이는 속도
그지없이 깊기도 한 법

마음에는 가깝고 먼 것이 없어
너에게 가는 길은 맨발일러니

오늘도 너에게 가는 내 발은
다 젖은 맨발.

# 이별은 연습도 아프다
- 치매행致梅行 · 421

이
·
별
·
은

연
·
습
·
도

아
·
프
·
다
·
!

## 홍해리 약력

* 충북 청주에서 출생.
고려대 영문과를 졸업(1964)하고 1969년 시집 『투망도投網圖』를 내어 등단함.

### * 시집
『투망도投網圖』(선명문화사, 1969)
『화사기花史記』(시문학사, 1975)
『무교동武橋洞』(태광문화사, 1976)
『우리들의 말』(삼보문화사, 1977)
『바람 센 날의 기억을 위하여』(민성사, 1980)
『대추꽃 초록빛』(동천사, 1987)
『청별淸別』(동천사, 1989)
『은자의 북』(작가정신, 1992)
『난초밭 일궈 놓고』(동천사, 1994)
『투명한 슬픔』(작가정신, 1996)
『애란愛蘭』(우이동사람들, 1998)
『봄, 벼락치다』(우리글, 2006)
『푸른 느낌표!』(우리글, 2006)
『황금감옥』(우리글, 2008)
『비밀』(우리글, 2010)
『독종毒種』(도서출판 북인, 2012)
『금강초롱』(도서출판 움, 2013)
『치매행致梅行』(도서출판 황금마루, 2015)
『바람도 구멍이 있어야 운다』(도서출판 움, 2016)
『매화에 이르는 길』(도서출판 움, 2017)
『봄이 오면 눈은 녹는다』(도서출판 움, 2018)
『정곡론正鵠論』(도서출판 움, 2020)과

### * 시선집
『洪海里 詩選』(탐구신서 275, 탐구당, 1983)
『비타민 詩』(우리글, 2008)
『시인이여 詩人이여』(우리글, 2012)
『洪海里는 어디 있는가』(도서출판 움, 2019)를 냈음.

이별은 연습도 아프다

초판 1쇄 인쇄    2020년 6월 1일
초판 1쇄 발행    2020년 6월 5일
지 은 이    홍해리
발 행 인    방수영
편    집    방수영 · 김은영
펴 낸 곳    도서출판 놀북

출판등록    107-38-01604
편 집 실    청주시 흥덕구 월명로 236번길 106-12
전    화    010-2506-5300
전자우편    paper808@naver.com
ISBN    979-11-968607-1-4 (03810)

값 10,000원

· 이 도서의 국립중앙도서관 출판예정도서목록(CIP)은 서지정보유통지원시스템 홈페이지(http://seoji.nl.go.kr)와 국가자료종합목록 구축시스템(http://kolis-net.nl.go.kr)에서 이용하실 수 있습니다. (CIP 제어번호 : CIP2020020680)

· 저작권법에 의해 보호를 받는 저작물이므로 저자와 출판사의 동의 없이 내용의 일부를 인용하거나 발췌하는 것을 금합니다. 또 파손된 책은 구입처에서 교환해 드립니다.